Tc

Mein Tourentagebuch

Servus DAS GROSSE KLEINE BUCH № 007

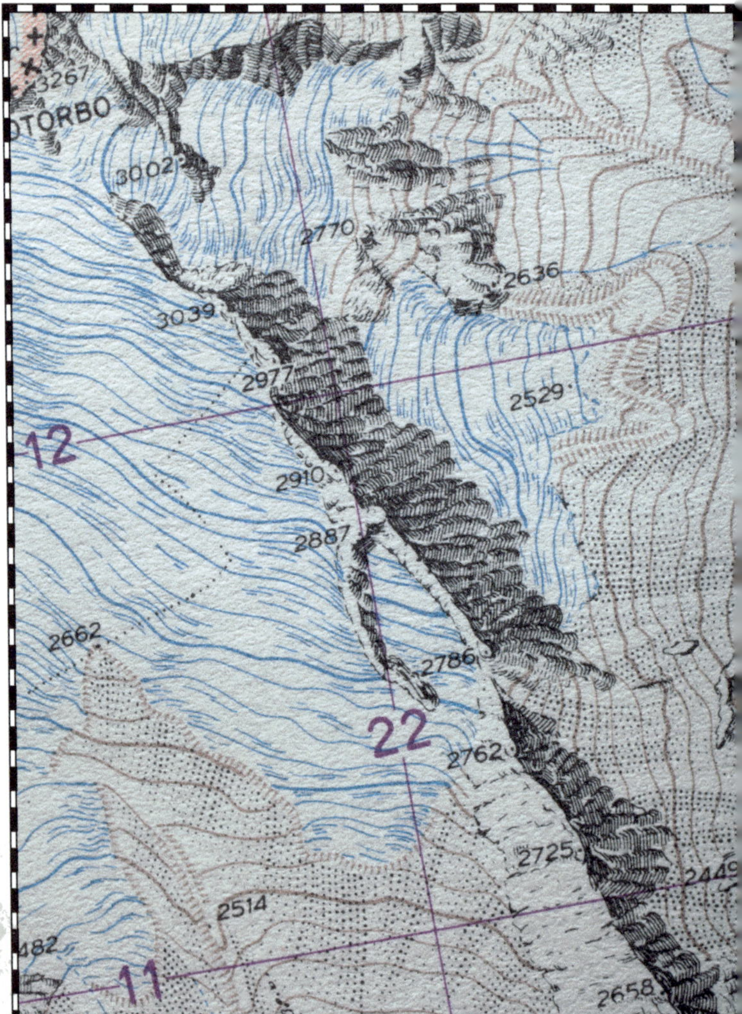
3267
DTORBO
3002
2770
2636
3039
2977
2529
12
2910
2887
2662
2786
22
2762
2725
2449
2514
482
11
2658

Wenn der Berg ruft

»DER BERG RUFT«

Das sagt man so. Aber das ist natürlich nur eine Redensart. Die Berge rufen nicht. Die Rufe entstehen in uns, so wie wir die Bergwelt mit unseren Wünschen, Träumen und Sehnsüchten aufladen.

Wer genauer hinhört, wird schnell merken, dass es da viele verschiedene Rufe gibt, eine wahre Polyphonie. Die einen sehen den Berg als Sportgerät zur körperlichen Ertüchtigung. Andere wiederum projizieren ein fast mystisch-religiöses Naturerlebnis in die Bergwelt. Es gibt die pragmatisch Nüchternen, wie den 1924 im Himalaja verschollenen Briten George Mallory. Der soll auf die Frage, warum er den Mount Everest besteigen wolle, nur mürrisch geantwortet haben: „Weil er da ist." Es gibt auch die romantisch Verklärten, die auf der Suche nach dem wahren Leben die Bergwelt als temporären Fluchtpunkt aus einer überregulierten und immer komplexeren Welt gewählt haben. Und es gibt jene, die sich an heißen Sommertagen einfach über einen Schluck Quellwasser und über den Griff an den kühlen Fels freuen, und jene, die die Herausforderung einer Steilrinnenbefahrung suchen.

Warum auch immer wir uns in die Höhe begeben – Abenteuerlust, Sportbegeisterung, die Aussicht, die Blumen am Wegesrand, staubender Pulver, eine Zivilisationssünden gnädig zudeckende Winterlandschaft, die gemütliche Hüttenjause –, es bleibt letztlich höchst individuell. Genauso die Entscheidung, welcher Spielart des Alpinismus wir den Vorzug geben: Klettern, Wandern, Skitourengehen, Bergsteigen, Canyoning, Mountainbiken – oder von allem etwas.

Die Sache mit dem Risiko

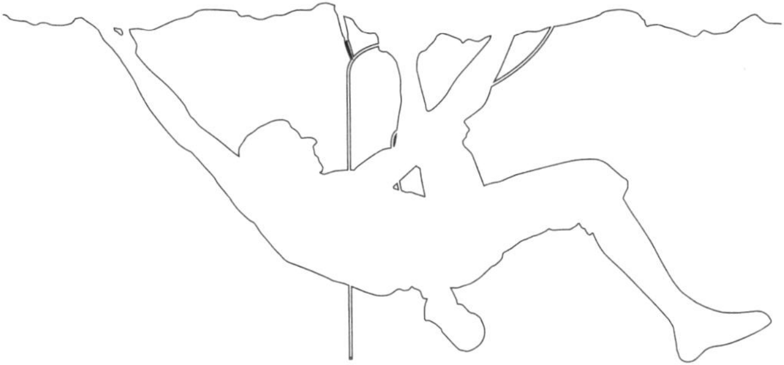

Wie vieles andere, das Spaß macht, ist auch das Bergsteigen nicht unbedingt ein Kind kalt kalkulierender Vernunft. Was nicht heißen soll, dass wir uns unvernünftig betragen sollen.

» *No risk, no fun? Sicher.*
Aber: ***too much risk, no more fun!*** «

Angst ist eine Information. Wir dürfen uns der Bergwelt nähern, wir werden sie aber nie bezwingen. Ehrgeiz – woraus auch immer gespeist – war am Berg noch nie ein guter Ratgeber. Gruppendruck ist gefährlich. Wer seine Zweifel nicht äußert, handelt fahrlässig. Nicht umsonst weiß der Volksmund: „Nur ein alter Bergsteiger ist ein guter Bergsteiger." Er weiß auch: „Wer langsam geht, geht weit. Und wer weit geht, geht gut."

Deshalb wollen wir es langsam, überlegt und geplant angehen. Die eigene Fitness ebenso bedenkend wie die unserer Begleitung; Route, Ziel und Risiken vernünftig abschätzend; Warnungen von Hüttenwirten und Einheimischen beherzigend; das Wetter beurteilend. Es gibt keinen Blitz aus heiterem Himmel und bei schlechten Bedingungen kann selbst der sonst so harmlose Hausberg zur Herausforderung werden. Wenn die Tour zum Abenteuer wird, dann ist in Wahrheit etwas schiefgelaufen.

Die Sache mit den Regeln

Und ja, es gibt auch in der Bergwelt Regeln. Solche, die im Strafgesetzbuch stehen. Auch über 1000 Meter Seehöhe herrscht nicht Rechtsfreiheit. Wer andere gefährdet, muss sich dafür verantworten.

Sperren, Schutzzonen und Ähnliches haben meist gute Gründe. Andere Regeln betreffen uns selbst: Wer in schlechter körperlicher oder seelischer Verfassung ist, sollte am Berg die sprichwörtlich kleineren Brötchen backen. Gesund in die Berge, nicht erst gesund durch die Berge.

In diesem Sinne wünschen wir viele wunderschöne und vor allem unfallfreie Erlebnisse in den heimatlichen Alpen oder in den Bergen der weiten Welt. Und vielleicht gelingt es uns ja auch, dass die mit dem Auto zurückgelegten Kilometer zum Berg in einem halbwegs vernünftigen Verhältnis zu den am Berg absolvierten Höhenmetern stehen.

KOMMEN SIE GUT WIEDER INS TAL!

Checkliste Ausrüstung

WANDERN/BASISAUSRÜSTUNG:

- Bekleidung (Schichtenprinzip, Funktionswäsche, winddichte Überbekleidung)
- Wechselwäsche
- Handschuhe
- Haube
- Sonnenhut/Kappe
- Rucksack
- Bergschuhe mit Profilsohle
- Trinkflasche (1 Liter)
- Jause
- Biwaksack
- Verbandszeug
- Signalpfeife
- Handy
- Stirnlampe
- Sonnencreme, Lippenschutz, Sonnenbrille
- Landkarten, Führerliteratur
- Höhenmesser und Kompass
- Taschentücher
- Werkzeugmesser
- Geld

WANDERN/ZUSATZAUSRÜSTUNG:

Helm

Teleskopstöcke

Leichtsteigeisen

Gamaschen

Fotoapparat

GPS-Gerät

Hüttenschlafsack, Waschzeug, Hüttenpatschen etc.
(für Mehrtagestouren)

KLETTERSTEIG/ZUSATZAUSRÜSTUNG:

Helm

Hüftgurt

Klettersteigset

Klettersteighandschuhe

GLETSCHER/ZUSATZAUSRÜSTUNG:

Hüftgurt

Seil, Prusikreepschnüre, Bandschlingen vernäht, Karabiner,
Eisschrauben

Steigeisen mit Antistollplatte

Pickel

Teleskopstöcke

Gamaschen

KLETTERN/ZUSATZAUSRÜSTUNG:

Anseilgurt (Hüftgurt + evtl. Brustgurt)

Kletterschuhe – bequeme Passform

Reepschnüre

2 Verschlusskarabiner gesichert

Bandschlingen vernäht nach Bedarf

Expressschlingen nach Bedarf

Kletterseil

Kletterhelm

Sicherungsmaterialien nach Bedarf

Abseilachter/Abseilgerät

SKITOUREN/ZUSATZAUSRÜSTUNG:

Tourenski (inklusive Bindung, Skistopper, Harscheisen, Felle)

Stöcke mit Wintertellern

Skitourenschuhe

LVS-Gerät, Schaufel, Sonde

ABS-Rucksack

Skihelm

WICHTIGE RUFNUMMERN/INTERNETSEITEN:

Europäischer Notruf (funktioniert auch ohne Pin): *112*

Alpines Notsignal: *hör- oder sichtbares Signal sechs Mal pro Minute – also alle zehn Sekunden.* Antwort: *drei Mal in der Minute*

Bergwetter Österreich: www.zamg.ac.at

Bergwetter Alpenraum: www.alpenverein.at/portal/wetter

Lawinenwarndienste Europa: www.avalanches.org

ALPINE VEREINE (AUSWAHL):

Österreichischer Alpenverein: www.alpenverein.at

Naturfreunde Österreich: www.naturfreunde.at

Deutscher Alpenverein: www.alpenverein.de

Schweizer Alpenklub: www.sac-cas.ch

Italienischer Alpenklub: www.cai.it

Alpenverein Südtirol: www.alpenverein.it

Slowenischer Alpenverein: www.pzs.si

Französischer Alpenklub: www.ffcam.fr

MEIN TOURENTAGEBUCH

MEIN TOURENTAGEBUCH

MEIN TOURENTAGEBUCH

MEIN TOURENTAGEBUCH

MEIN TOURENTAGEBUCH

MEIN TOURENTAGEBUCH

FSC
www.fsc.org
MIX
Papier aus verantwortungsvollen Quellen
FSC® C012536

 Eine Marke der Red Bull Media House GmbH. E-Mail: info@servus-buch.at. Autor: Thomas Neuhold. Illustration © 123.rf.com, Cover Sergey Okulov/Rücken, S. 11. Ivan Baranov/istockphoto.com, S. 4. malerapaso. Gestaltung und Satz: Frank Behrendt. Gebunden in Fadenheftung. Druck und Bindung: Druckerei Theiss. Gedruckt in Österreich.
ISBN 978-3-7104-0013-1
1 2 3 4 5 6 7 8 / 16 15 14
www.servus-buch.at